# Errores geniales

## Historias de genios que no se rindieron

ILUSTRACIONES:
AGNESE INNOCENTE

TEXTO:
MAX TEMPORELLI
Y BARBARA GOZZI

Éccomi

# ÍNDICE

 p. 6    Thomas Alva Edison

p. 14   Jan Matzeliger

 p. 22   Guglielmo Marconi

p. 30   Wilson Greatbach

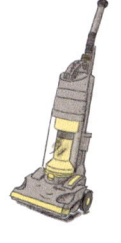 p. 38   James Dyson

p. 46   Margarete Steiff

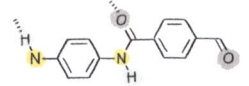 p. 54   Stephanie Louise Kwolek

p. 62   Charles Goodyear

 p. 70   Percy Spencer

p. 78   John Stith Pemberton

# ¡Equivocarse no es fracasar!

**¿QUÉ TIENEN EN COMÚN THOMAS EDISON Y STEPHANIE LOUISE KWOLEK?**

Kwolek descubrió una fibra que todavía se usa, por ejemplo, para hacer trajes de bombero. A Edison le debemos, entre otras cosas, el que hoy en día existan las bombillas.

**¿Y CHARLES GOODYEAR?**
Gracias a él, el caucho tiene múltiples aplicaciones.

**¿Y JAN MATZELIGER?**
Matzeliger inventó una máquina con la que...

SI QUIERES SABER QUÉ HICIERON,
¡TENDRÁS QUE SEGUIR LEYENDO!

Las diez personas que aparecen en este libro descubrieron o inventaron algo. Además del talento, todas compartían una misma pasión, algo que despertaba su interés.

A **GUGLIELMO MARCONI** Y **JAMES DYSON** LES APASIONABA LA TECNOLOGÍA, MIENTRAS QUE A **MARGARETE STIEFF** LO QUE LE GUSTABA ERA HACER SONREÍR A LOS NIÑOS.

Por supuesto, son muchas las personas que han inventado y descubierto cosas, aparte de las que aparecen en este libro. Pero estas diez son especiales. Durante casi 300 años han guardado un secreto (¡un secreto muy especial!) que ahora se disponen a compartir contigo.

HA LLEGADO EL MOMENTO DE SENTARSE CÓMODAMENTE Y GIRAR LA PÁGINA.

¡PÁSALO EN GRANDE CON ESTOS DESCUBRIMIENTOS!

# Thomas Alva Edison

**Thomas Alva Edison fue el más curioso de todos.**

Nació en Ohio, Estados Unidos, el 11 de febrero de 1847. Cuando era niño, Thomas padeció una sordera parcial que le dificultaba seguir las lecciones en el colegio, así que su madre lo educó en casa. Allí aprendió a concentrarse fuera de la disciplina escolar. Había sonidos que no alcanzaba a oír, ¡como el ruido que hacían sus seis hermanos! A los once años, montó su primer laboratorio en el sótano de la casa familiar.

Un día, Thomas vio a un niño jugando al lado de una vía y lo apartó antes de que pasara el tren. El padre de aquel niño era el jefe de estación y, como agradecimiento, le enseñó a utilizar el telégrafo. ¡Aquello fue toda una revelación! A los diecisiete años, Thomas mejoró las transmisiones telegráficas y, a los veintinueve, ya tenía su propio laboratorio en Nueva Jersey, donde él y un grupo de colaboradores siguieron investigando en distintos proyectos.

A Thomas le gustaba explorar y diseñar aparatos. ¡Aunque, a veces, hacían falta años para que un invento funcionase! Entre muchas otras cosas, inventó el fonógrafo (el primer aparato capaz de grabar y reproducir sonidos) y el mimeógrafo (predecesor de la impresora). También perfeccionó la bombilla incandescente e ideó el cinetoscopio (precursor del proyector de cine).

> «No es que fracasara dos mil veces para fabricar la bombilla; sencillamente descubrí mil novecientas noventa y nueve formas de no fabricarla.»
> Thomas Edison

Sí, dos mil intentos pueden parecer muchos, pero ¡todos eran imprescindibles! Uno menos y Edison no habría conseguido su propósito. Aunque también aprendió mucho de los errores de otros científicos.

Por ejemplo, en 1878 el químico inglés Joseph Swan fue el primero en construir y encender una bombilla incandescente (es decir, la bombilla en la que la luz es emitida por un objeto que alcanza altas temperaturas).

Pero la bombilla de Swan tenía un problema: el filamento de carbono incandescente emitía tanto hollín que enseguida cubría el revestimiento de vidrio de la bombilla, ¡y todo se volvía negro!

Es decir, que la luz no duraba mucho, solo unos minutos, y además la bombilla consumía mucha electricidad.

*Ampolla de vidrio*

*Filamento*

*Cable de cobre*

¿CÓMO SOLUCIONARLO?

Edison le dio muchas vueltas. Partió de la idea de Swan y, con la ayuda de los investigadores de su laboratorio, trató de mejorarla a través de numerosos experimentos (¡miles!). Usó filamentos de diferentes materiales, como el platino y las fibras vegetales. Finalmente, al utilizar algodón carbonizado, algo cambió: el interior de la bombilla ya no se ennegrecía, ¡y la luz duraba más!

El 21 de octubre de 1879, la bombilla incandescente brilló durante trece horas y media. ¡Y Edison siguió mejorándola!

HAY QUE APRENDER DE LOS ERRORES. SI CREES EN UNA IDEA, ¡NO DEBES RENDIRTE NUNCA!

*Thomas Alva Edison*

# Jan Matzeliger

**Jan Matzeliger era un apasionado de las máquinas y la mecánica.**

Nació el 15 de septiembre de 1852 en un pequeño país que actualmente se llama Surinam, en Sudamérica. Su padre era ingeniero y, gracias a él, Jan descubrió la «magia» de la mecánica: con diez años, ya lo ayudaba en el taller. ¡Le encantaba ensuciarse las manos! Pero también quería ver mundo, así que, cuando cumplió diecinueve, se embarcó como marinero en un buque mercante.

Aunque solo hablaba neerlandés, años más tarde decidió instalarse en Estados Unidos. Era un joven solitario, pero tenía tantas ganas de estudiar que, a fuerza de echarle horas, aprendió inglés. Encontró empleo en una fábrica de zapatos de Massachusetts, y ahí se dio cuenta de que algunas partes del tratamiento del cuero todavía se hacían a mano. Pensó que su afición a la mecánica podía servir para mejorar el sistema de fabricación, así que se puso a trabajar. Pero no lo tuvo fácil.

Al principio, la gente no confiaba en sus ideas, de modo que tuvo que experimentar por su cuenta. Dedicó su vida a estudiar soluciones y a diseñar mecanismos que facilitaran la labor de quienes trabajaban en la industria del calzado. Gracias a sus esfuerzos, fabricar zapatos se convirtió en una tarea más sencilla y menos costosa. Y, como resultado, ¡cada vez hubo más personas que consiguieron caminar cómodamente y con los pies calientes!

LO PRIMERO ES HACER UN MOLDE DEL PIE, ¡Y PARA ESO HAY QUE MEDIR CON PRECISIÓN!

AHORA AJUSTAMOS LAS PARTES DEL ZAPATO AL TAMAÑO DEL MOLDE. HAY QUE CORTAR EL CUERO PARA HACER LA PARTE SUPERIOR Y LA PLANTILLA, SOBRE LA QUE DESCANSA EL PIE.

FINALMENTE HAY QUE COSERLO A MANO PARA QUE LAS DOS PIEZAS QUEDEN BIEN UNIDAS.

PERO ESO REQUIERE TIEMPO...

**Matzeliger detectó enseguida cuál era el problema que tenía la fabricación de zapatos. ¡Pero resolverlo no era fácil! Sin embargo, él estaba seguro de que podía encontrar una solución.**

Ideó un aparato que unía la parte superior del zapato con la plantilla ¡automáticamente! A diferencia de las manos humanas, la máquina era rápida y precisa. Matzeliger explicó detalladamente cómo funcionaba en un documento de quince páginas, ¡pero nadie entendió nada! Entonces, para mostrar cómo operaba el invento, construyó una maqueta.

Por desgracia, los zapateros se quedaron mirando el aparato diciendo que no con la cabeza. Muchos lo habían intentado antes, pero no había ninguna máquina capaz de sustituir a las manos humanas. Además, ¡todos esos aparatos mecánicos eran muy complicados! «A lo mejor estoy equivocado —pensó Matzeliger—. Quizá mi invento sea un error». Pero siguió intentándolo y estudiando el problema a fondo.

Por fin, en 1883, construyó un prototipo para realizar cada paso de forma clara y precisa. ¿Cómo funcionaba? La máquina sostenía el zapato mientras colocaba el cuero en el talón y luego fijaba la plantilla con clavos. A continuación, el zapato caía a un contenedor ¡y ya estaba listo! Solo faltaban los últimos retoques (como ponerle los cordones). Cada día, el invento de Matzeliger producía diez veces más zapatos que una persona trabajando a mano.

LO QUE PARECE UN ERROR PUEDE SER TAN SOLO ALGO NUEVO QUE TODAVÍA NO ENTENDEMOS.

*Jan Matzeliger*

# Guglielmo Marconi

**A Guglielmo Marconi le fascinaban las tecnologías
que mejoraban la vida cotidiana.**

Nació el 25 de abril de 1874 en la ciudad italiana de Bolonia. Desde pequeño, los laboratorios de física fueron su segundo hogar, hasta el punto de que, a los dieciocho años, instaló uno en la casa de su padre.

Entre sus muchos intereses estaban las ondas de radio, con las que es posible transmitir sonidos. Guglielmo quería descubrir la manera de enviar señales a grandes distancias y, a diferencia del telégrafo eléctrico, sin cables.

En 1896 se trasladó a Inglaterra, donde creó su primera empresa, dedicada a desarrollar la «telegrafía sin hilos». Experimentó en todas partes, incluso a bordo de un transatlántico y un buque de guerra. Gracias a sus descubrimientos, las emisiones de radio fueron más rápidas y eficaces, y eso permitió mejorar la seguridad en la navegación.

En 1909, después de quince años desarrollando la telegrafía sin hilos, Marconi ganó el Premio Nobel de Física, junto con el científico alemán Karl Ferdinand Braun. Pero Guglielmo siguió experimentando y, en 1930, consiguió establecer conexión entre un barco atracado en el puerto de Génova y una emisora de radio de Australia. ¡La señal recorrió casi 20.000 kilómetros y encendió las luces del ayuntamiento de Sídney!

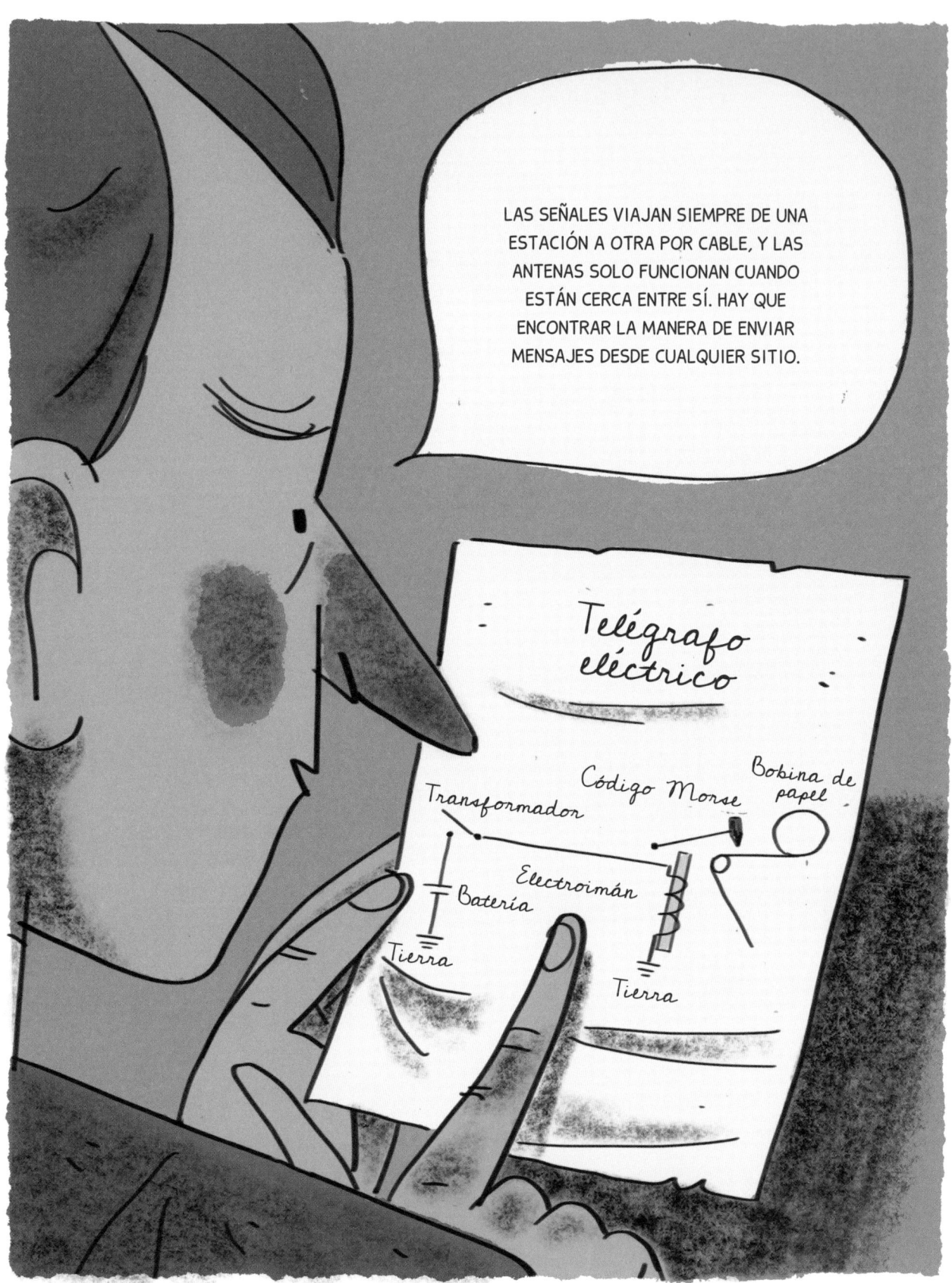

«La tecnología en la que trabajo acerca a las personas, ayuda a que se entiendan y a que sean mejores.»
Guglielmo Marconi

Y precisamente ese era el motivo por el que se empeñaba en conectar lugares muy distantes. Quería que las personas tuvieran la oportunidad de comunicarse, sobre todo si vivían lejos unas de otras. La noche del 12 de diciembre de 1901, consiguió enviar una señal desde Inglaterra hasta un receptor situado en Canadá, ¡a una distancia de más de 3.500 kilómetros!

—¡Esto demuestra que la superficie terrestre puede absorber las ondas de radio y luego reemitirlas! —exclamó Marconi satisfecho.

—Imposible —dijeron otros científicos—. Las ondas electromagnéticas, como las ondas de radio, solo viajan en línea recta...

—¡Pero la Tierra es redonda! —añadió otro—. Si es posible enviar ondas de radio desde Inglaterra a Canadá, una de las dos teorías tiene que estar equivocada...

En realidad, el error estaba en la explicación que Marconi había dado de aquel fenómeno. No es que hubiera demostrado una nueva propiedad de las ondas de radio, sino que había descubierto la ionosfera. ¡Lástima que no lo supiera!

La ionosfera es una especie de «espejo» que rodea a la Tierra a muchos kilómetros de distancia y que refleja las ondas electromagnéticas de alta frecuencia. Las ondas que Marconi envió desde Inglaterra rebotaron en la ionosfera y, gracias a eso, ¡consiguieron llegar a Canadá!

A VECES, GRACIAS A UN ERROR, APRENDEMOS ALGO NUEVO.

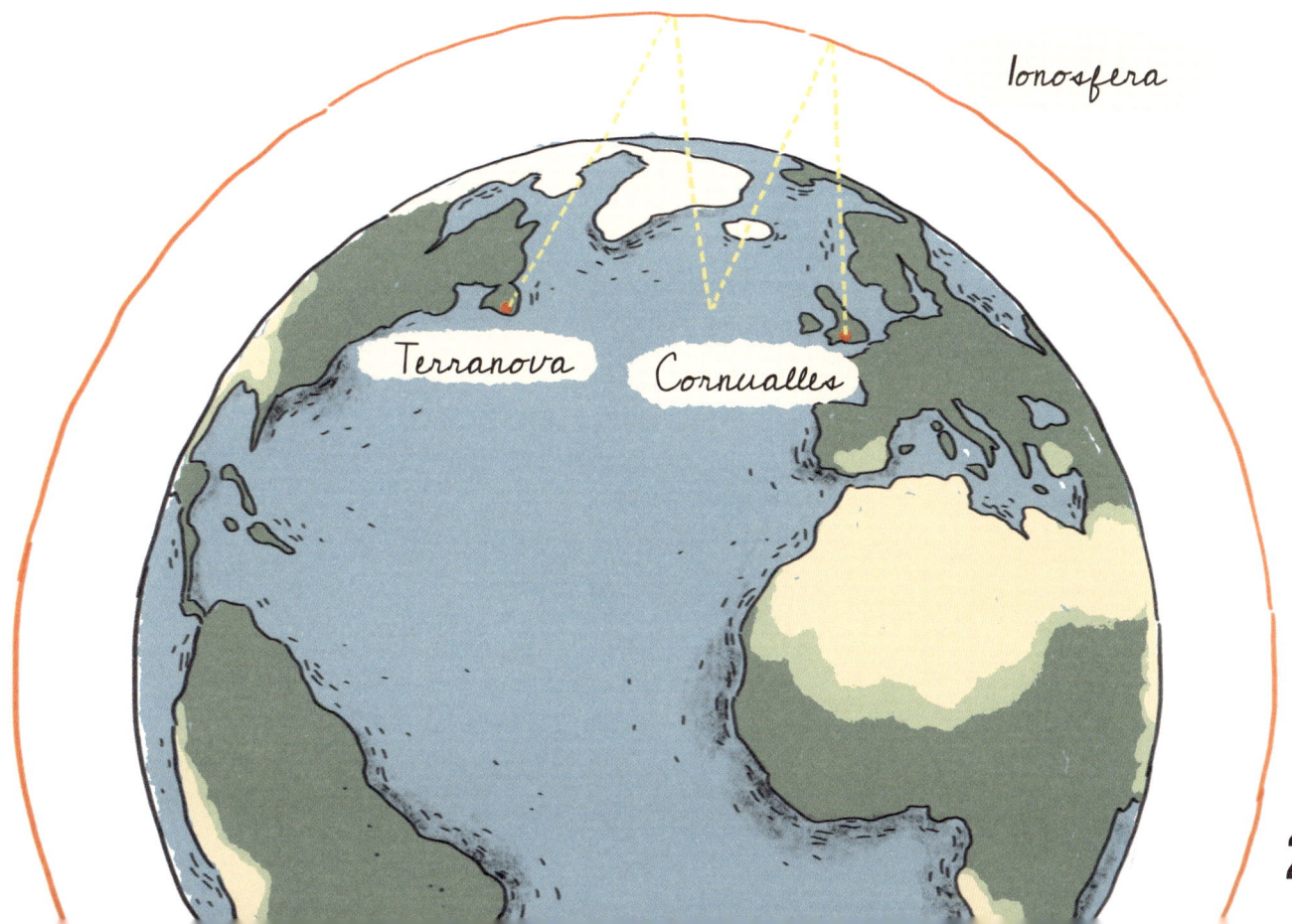

**15 de abril de 1912**

—SUERTE QUE HEMOS RECIBIDO EL SOS.

—AL MENOS SALVAREMOS A PARTE DE LOS NÁUFRAGOS.

*Días después, en Nueva York...*

—ÉRAMOS MÁS DE 700 PERSONAS A BORDO DE LOS BOTES SALVAVIDAS Y, SI NADIE HUBIERA IDO A RESCATARNOS, ¡HABRÍA SIDO EL FIN!

—EN EL *TITANIC* HABÍA UN TELÉGRAFO SIN CABLES DISEÑADO POR MARCONI. ¡GRACIAS A ESO, EL BARCO QUE NOS SALVÓ RECIBIÓ EL SOS!

PLACA DE HONOR

*Guglielmo Marconi*

# Wilson Greatbatch

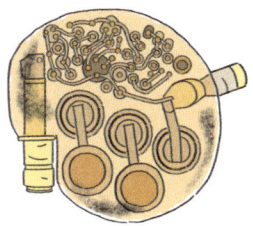

**Wilson Greatbatch quería saber cómo funcionaban las cosas.**

Nació en septiembre de 1919 en Buffalo, Estados Unidos. Cuando estalló la Segunda Guerra Mundial, dejó los estudios y trabajó como operador de comunicaciones por radio, un campo en el que ya contaba con cierta experiencia. Llegó a ser jefe de radiotelegrafía de las Fuerzas Aéreas hasta que, en 1945, se reintegró a la vida civil.

A Wilson le gustaba estudiar y entender las cosas, así que en 1950 se graduó en ingeniería eléctrica. Encontró empleo en una granja donde se estudiaba el comportamiento de los animales, y allí fue donde oyó hablar por primera vez de un fenómeno del que no sabía nada: los infartos o ataques de corazón.

En condiciones normales, el corazón recibe unos impulsos eléctricos que hacen que se contraiga y bombee la sangre por todo el cuerpo. Cuando se produce un infarto, estos impulsos se detienen. A Wilson se le ocurrió una idea: una máquina que volviera a poner en marcha el corazón. Estudió el tema a fondo e hizo muchas pruebas, hasta que logró perfeccionar el aparato. Lo llamó «marcapasos» o «estimulador cardiaco».

Durante la década de 1970, Wilson encontró nuevas formas de mejorar la batería del marcapasos para que fuera más eficaz y duradera. También trabajó en muchos otros experimentos, como la manera de generar energía a partir de plantas y animales.

«Quien nunca ha fracasado es porque nunca ha hecho nada. Cuando un experimento sale mal, no sabemos si lo que parece un error puede ser la clave de un futuro éxito. Hay que insistir.»
Wilson Greatbatch

Y eso él lo sabía muy bien: a menudo, sus inventos y experimentos fallaban y había que volver a empezar. Pero un día ocurrió algo que lo cambió todo.

En 1956, mientras trabajaba en un dispositivo para registrar el ritmo cardíaco, cometió un error: añadió un componente eléctrico equivocado. En lugar de registrar el sonido de los latidos del corazón, el aparato generaba impulsos eléctricos independientes. Aquello no era exactamente lo que esperaba y, sin embargo…

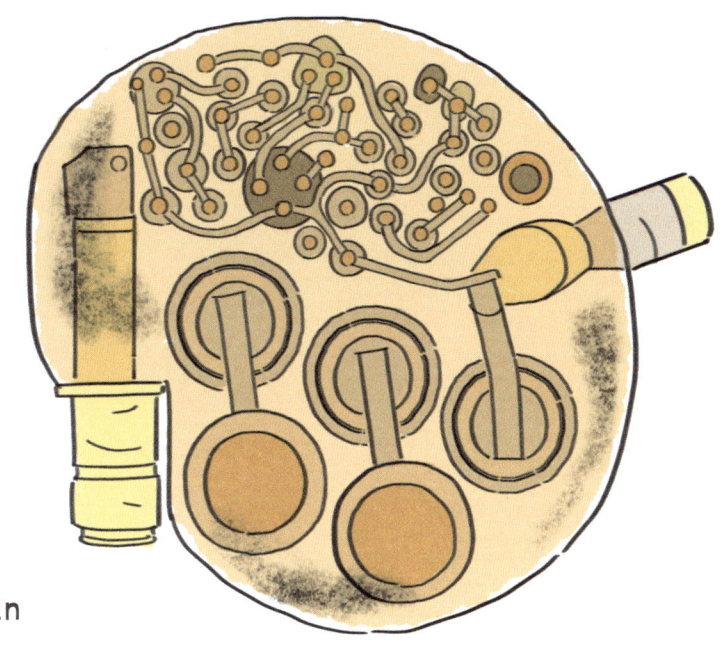

Greatbatch se dio cuenta de que el nuevo dispositivo producía un sonido similar al de un corazón sano, con un ritmo constante y sin interrupciones.

—Entonces, ¡es posible! —gritó de repente.

Llevaba tiempo pensando en cómo ayudar a quienes sufrían un infarto, ¡y aquel dispositivo diseñado por error podía ser la solución! Si se conectaba a un corazón enfermo, podía ayudarlo a bombear la sangre sin problemas. ¡Acababa de descubrir el marcapasos!

Evidentemente, hubo que trabajar y darle muchas vueltas para conseguir que el dispositivo fuera lo bastante pequeño para implantárselo a una persona. Por fin, en 1960, Henry Hennafeld se convirtió en el primer paciente humano en llevar un marcapasos, gracias al cual disfrutó de un año y medio más de vida.

**SI PRESTAS ATENCIÓN A LOS ERRORES, EN LUGAR DE CONDUCIRTE AL FRACASO, QUIZÁ TE OFREZCAN NUEVAS OPORTUNIDADES.**

*Wilson Greatbach*

# James Dyson

**James Dyson siempre creyó que la tecnología podía mejorarse.**

Nació el 2 de mayo de 1947 en Cromer, Inglaterra. De niño fue muy estudioso y, después de graduarse, asistió a la Escuela de Arte Byam Shaw de Londres y al Royal College of Art, donde descubrió que la ingeniería también podía ser creativa. En 1974, fundó una empresa para producir su primer invento: una carretilla con más maniobrabilidad que las convencionales.

Sin embargo, fue en 1978 cuando tuvo una idea que estaba destinada a cambiar el curso de la historia de los electrodomésticos: una nueva tecnología que eliminaba las bolsas de aspiradoras. James estaba entusiasmado y trabajó sin descanso para perfeccionarla.

Lamentablemente, los fabricantes de electrodomésticos tradicionales no se interesaron por su invento. Peor aún: ¡creían que las aspiradoras funcionaban igual de bien con bolsa! Pero James era muy tozudo y, en 1993, abrió una fábrica donde produjo la primera aspiradora Dyson.

Apenas dos años después, ya era el modelo más vendido en Gran Bretaña. Desde entonces, Dyson no ha dejado de perfeccionar todo tipo de electrodomésticos, como los ventiladores con purificador de aire. En 2002, creó una fundación que lleva su nombre que ofrece becas de ingeniería a los grandes talentos creativos del futuro.

«Hay que redefinir la palabra "fracaso": en materia de inventos, el fracaso no es más que un problema a la espera de solución.»
James Dyson

Y eso fue exactamente lo que le ocurrió. Un día cualquiera, en 1978, su aspiradora se paró de repente. La bolsa estaba obstruida y el motor no quería volver a encenderse.

Dyson recordó algo que había visto en un aserradero tiempo atrás: una tecnología llamada «ciclón» que separaba las partículas de serrín del aire. «¿Por qué no probarlo con mi vieja aspiradora?», pensó.

Quitó la bolsa obstruida y la reemplazó por un prototipo de filtro ciclónico hecho de cartón. Utilizó la aspiradora modificada en una habitación… ¡y vio que recogía más polvo que antes! Ahora había que perfeccionar la idea, así que se puso manos a la obra.

Quince años y 5.126 prototipos más tarde, la primera aspiradora estaba lista. Sí, has leído bien: ¡quince años de errores! Y lo que faltaba. Una vez terminado el primer modelo en 1993, aparecieron una treintena más, cada uno mejor que el anterior. Cuando detectaba un error, Dyson perfeccionaba la eficacia, la velocidad y los materiales de su aspiradora. Sin embargo, al principio nadie creyó en su invento. Las aspiradoras de bolsa siempre habían funcionado: ¿para qué cambiar? Así pues, ¡decidió fabricarlas por su cuenta y creó la empresa que aún hoy lleva su nombre!

AUNQUE COMETAS ERRORES, SI TIENES CONFIANZA Y NO TE RINDES, PUEDES LLEGAR MUY LEJOS.

*James Dyson*

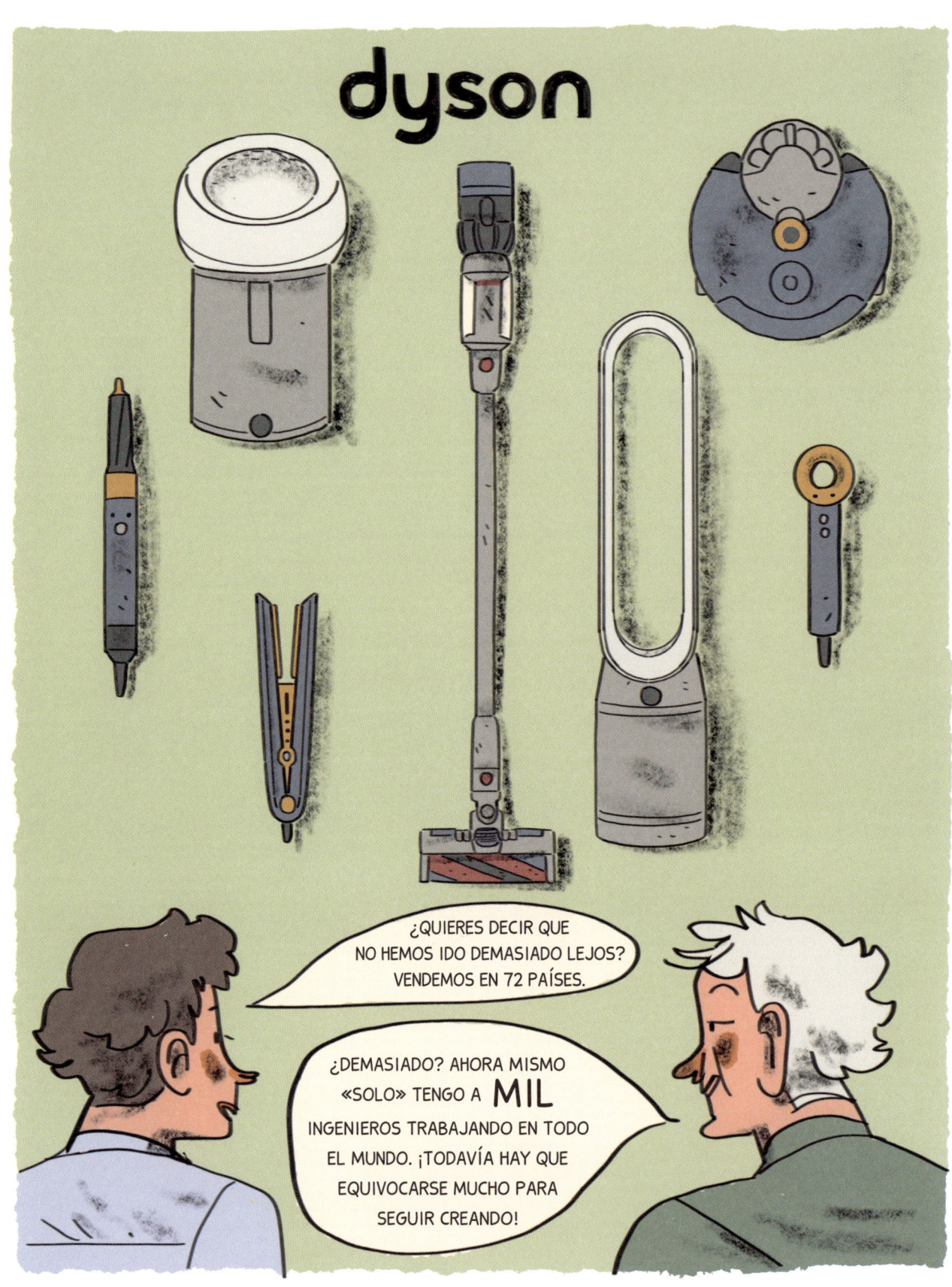

# Margarete Steiff

**A Margarete Steiff nada le producía mayor alegría
que hacer sonreír a los niños.**

Nació el 24 de julio de 1847 en la pequeña ciudad alemana de Giengen an der Brenz. Con apenas un año y medio sufrió una grave enfermedad que la dejó en silla de ruedas. A pesar de que le costaba mover la mano derecha, Margarete asistió a una escuela de costura, su gran pasión, y a los diecisiete años se hizo costurera. Sus ganas de hacer cosas la llevaron a trabajar en la tienda de sus hermanas mayores, hasta que su padre instaló un taller en la casa familiar. ¡Por fin Margarete tenía su propia sastrería!

Descubrió que le gustaba mucho un material llamado fieltro, un tejido hecho con fibras animales tratadas. Empezó a trabajar con él y, a los treinta años, abrió su primera tienda, donde vendía ropa y artículos para el hogar. Sin embargo, un día se dio cuenta de que sus alfileteros de fieltro gustaban, sobre todo, a los niños y decidió que, a partir de entonces, se dedicaría a hacer juguetes.

En 1893, con su familia, abrió una empresa que fabricaba peluches con forma de distintos animales. Unos años más tarde su sobrino Richard diseñó un oso muy especial al que se le movían los brazos y las piernas. Desde entonces, millones de niños han jugado con sus suaves y cálidos ositos de peluche.

—**Todo el mundo quiere tus alfileteros, ¡necesitamos más!**
Margarete se quedó mirando a su hermano Fritz con cara de asombro.
—¿**Más?** —preguntó—. **Pero si solo son alfileteros...**

Evidentemente, nadie había visto alfileteros como esos. El fieltro todavía no era muy conocido y la forma era original. Básicamente, eran pequeños elefantes de trapo, blandos y capaces de mantenerse en pie (por eso podían colocarse en mesas y estanterías para clavarles agujas y alfileres sin perderlos).

Su hermano pequeño insistió:

—En el mercado todo el mundo quiere comprarlos.

Margarete decidió ir allí en persona y descubrió algo inesperado: la gente no quería utilizar sus elefantes de fieltro como alfileteros. Fue una gran decepción, ya que ella los había cosido con mucho cariño. Pero se había equivocado; había sido un gran error.

De repente, oyó que alguien se reía: los niños se perseguían corriendo por el mercado. Margaret los observó con atención y se dio cuenta de que en la mano llevaban algo que ella conocía muy bien: sus elefantitos de fieltro, ¡eran los juguetes de moda! Lo que en origen no era más que un alfiletero se había convertido en un juguete que hacía felices a los más pequeños. Margaret se dio cuenta de que, sin querer, había conseguido algo maravilloso. A partir de ese día, no dejó de crear peluches y juegos para niños.

LAS COSAS NO SIEMPRE SALEN COMO QUEREMOS. A VECES, INCLUSO SALEN MEJOR. ALGUNOS ERRORES PUEDEN LLEVARNOS A LUGARES QUE NUNCA HUBIÉRAMOS IMAGINADO.

*Margarete Steiff*

**1902**

¡ESTA ES MI IDEA! ESTARÁ HECHO DE FIELTRO, PERO PODRÁN MOVER LOS BRAZOS Y LAS PIERNAS.

¡SABÍA QUE TENÍA UN SOBRINO CREATIVO! ¿CREES QUE FUNCIONARÁ?

**1907**

Y ESTE ES EL OSITO NÚMERO 970.000.

Y ESO NO ES NADA: ¡HEMOS FABRICADO 1.700.000 JUGUETES!

*Margarete Steiff*

# Stephanie Louise Kwolek

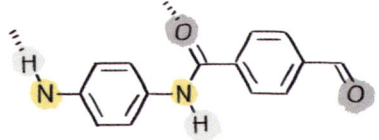

**¡A Stephanie Louise Kwolek nunca se le escapaba nada!**

Nació el 31 de julio de 1923 en Pensilvania, Estados Unidos. De niña jugaba con telas porque su madre era costurera, y soñaba con ser diseñadora de moda. Sin embargo, con el tiempo, Stephanie se dio cuenta de que lo que quería era ayudar a las personas enfermas, y se decidió a estudiar química. Poco después, encontró trabajo en una empresa química para pagarse los estudios de medicina. En teoría iba a ser un empleo temporal, pero le acabó gustando y se quedó ¡más de cuarenta años!

Stephanie descubrió que le encantaba investigar sobre fibras textiles y se convirtió en una de las primeras mujeres en trabajar en el campo de la química industrial. Sus compañeros sabían que, como era tan minuciosa y atenta, en el laboratorio todo estaba bajo control.

En 1964, mientras hacía un experimento, Stephanie descubrió una fibra que tenía un aspecto distinto a lo esperado. Su manera de ser, tan detallista, la llevó a analizarla a fondo hasta que se dio cuenta de que tenía una característica peculiar: acababa de descubrir el kevlar, una fibra cinco veces más resistente que el acero. ¡Por fin había cumplido su sueño de trabajar con tejidos especiales!

> **«No fue precisamente un golpe de genio»**, dijo Stephanie Kwolek sobre el experimento con el que descubrió el kevlar.

Al principio temía haber hecho algo mal. Pero, en realidad, había seguido el procedimiento correcto: había tomado fragmentos de unas sustancias llamadas «poliamidas» y los había disuelto en un líquido. Después, con una máquina llamada «hilera», los había hecho girar rápidamente hasta formar las fibras.

Sin embargo, las fibras que finalmente obtuvo eran distintas de lo que había previsto. Kwolek no sabía qué pensar. Podía ser que hubiera cometido un error, claro. Cuando se hacen experimentos en el laboratorio, es frecuente que algo salga mal, y ella lo sabía.

## Estructura química del kevlar

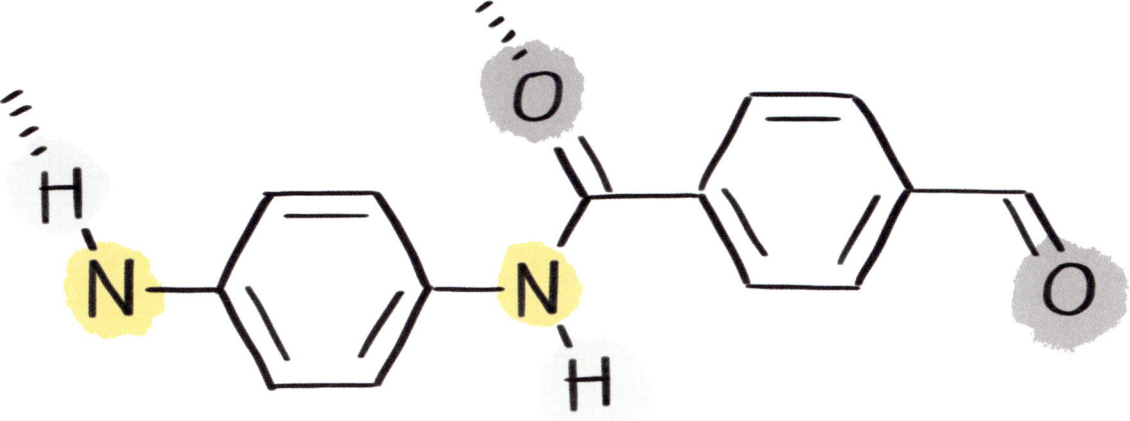

Pero no podía rendirse: tenía que entender lo que había ocurrido. Llevó a cabo numerosas pruebas hasta confirmar los resultados. Su equipo de investigación había trabajado duro a su lado y tenía que averiguar qué había fallado... ¡y al final lo consiguió!

Y lo que es más importante, descubrió que gracias a ese error, había creado una fibra muy resistente: el kevlar. Stephanie no se imaginaba la cantidad de aplicaciones que tendría en el futuro ni lo mucho que mejoraría la vida de las personas de todo el mundo.

QUIEN SE EMPEÑA EN COMPRENDER UN
ERROR PUEDE ENCONTRAR NUEVOS CAMINOS.

*Stephanie Louise Kwolek*

¡EL KEVLAR ES MUY LIGERO!

¡Y RESISTENTE!

CON LOS CHALECOS ANTIBALAS DE KEVLAR, ESTAMOS MEJOR PROTEGIDOS.

# Charles Goodyear

**La obsesión de Charles Goodyear era el caucho.**

Nació el 29 de diciembre de 1800 en Connecticut, en la costa este de Estados Unidos. A pesar de que la vida no le sonreía demasiado, Charles tenía un sueño original: descubrir los secretos del caucho. ¡Y estaba decidido a conseguirlo!

Hasta entonces, el caucho se extraía de la corteza de algunas plantas brasileñas. Era una sustancia elástica, pero, aparte de que no duraba mucho, con el calor se volvía pegajoso y con el frío se rompía. Charles estaba seguro de que podía mejorarse, y con ese fin hizo numerosos experimentos, ¡miles!

Hasta que, en 1839, una de esas pruebas dio un resultado inesperado: una mezcla obtenida por pura casualidad resultó ser mucho más elástica que el caucho común. Y no solo eso: también era impermeable y resistente al calor y al frío. ¡Ya solo faltaba encontrarle alguna utilidad!

En 1850, Charles presentó en las ferias de París y Roma varios objetos fabricados con aquel caucho especial. El nuevo material fue bien recibido y pronto empezó a utilizarse en todo el mundo.

> **El invierno de 1839 fue muy duro. Charles siguió probando mezclas para mejorar el caucho. Estaba totalmente absorto en sus experimentos.**

Los experimentos le ocupaban todo su tiempo y le impedían colaborar en las tareas domésticas, cosa que a su mujer no le hacía demasiada gracia.

Ese fue el motivo por el que aquel día, cuando Clarissa llegó de repente a casa, Charles dejó instintivamente la mezcla en la que estaba trabajando encima de la estufa, junto a las ollas. «Quizá así no se dé cuenta», pensó.

Poco después, la cocina se llenó de un extraño olor a quemado. ¡La mezcla se había calentado demasiado y estaba a punto de quemarse! Rápidamente, Charles levantó la olla, se dirigió a la ventana de la cocina, la abrió y arrojó la mezcla sobre la nieve. ¡Había pasado el peligro! Lástima que hubiera echado a perder el experimento dejando la mezcla al fuego y luego arrojándola a la nieve...

«Qué se le va a hacer —pensó—. Volveré a empezar y esta vez no cometeré ningún error».

Cuando salió a recoger los restos del experimento, se dio cuenta de que había ocurrido algo inesperado: las altas temperaturas habían hecho que el caucho ganara elasticidad y, al mismo tiempo, que se volviera resistente al calor y al frío. ¡Incluso era impermeable!

Goodyear llamó a este proceso «vulcanización» en honor al dios griego del fuego. Y eso era solo el principio: el caucho vulcanizado sigue produciéndose hoy en día, casi doscientos años después.

SI SIGUES TU INTUICIÓN Y TIENES VISIÓN DE FUTURO, PUEDES LLEGAR MUY LEJOS, AUNQUE TE EQUIVOQUES POR EL CAMINO.

*Charles Goodyear*

Charles Goodyear

# Percy Spencer

**Percy Spencer siempre quería saber el porqué de las cosas.**

Nació el 19 de julio de 1894 en Howland, en el noreste de Estados Unidos. A Percy, desde muy joven, le encantaba descubrir cómo y por qué funcionaban las cosas. Era huérfano y vivía con su tía, que viajaba de un lado para otro trabajando en empleos temporales. Percy tuvo que aprender a abrirse camino por su cuenta. Ni siquiera terminó los estudios, porque se puso a trabajar como electricista en la construcción. Como no sabía nada de electricidad, estudiaba por las noches y aprendía a base de práctica, hasta que se convirtió en un electricista experto.

La vida de Percy cambió cuando se enteró de la tragedia del Titanic y de cómo los supervivientes se habían salvado gracias al telégrafo inalámbrico. Se alistó en la Marina de los Estados Unidos para ser radioperador de barco. Una vez más, tuvo que estudiar y aprender por su cuenta. ¡Y lo consiguió!

Al terminar la Primera Guerra Mundial, se incorporó a una empresa que trabajaba para el Departamento de Defensa. Percy estaba encantado. Podía trabajar con físicos, ingenieros, inventores, siempre con un enfoque práctico y preguntándose el porqué de las cosas. Colaboró en el desarrollo de tecnologías y componentes, hasta que su intuición le llevó a inventar... ¡el horno microondas!

> «Los científicos saben que muchos inventos no acabarán funcionando. Percy Spencer no sabe que hay cosas imposibles».

dijeron de él en una revista.

¡Efectivamente! Como no había terminado los estudios, Spencer llevaba toda la vida aprendiendo por ensayo y error, a fuerza de hacer pruebas y estudiar con los libros que iba encontrando.

Por eso cuando vio que la chocolatina se derretía por el simple hecho de estar en su bolsillo, ¡se quedó de piedra! ¿Cómo era posible? Aquella era su merienda y ahora se quedaría con el estómago vacío, ¡pero quería saber por qué había ocurrido!

En ese momento estaba en el trabajo, al lado de un radar en funcionamiento. «¿Y si la energía de las ondas de radio pudiera calentar la comida rápidamente?», se preguntó.

¡PLAF!

Enseguida hizo la prueba: puso un cuenco lleno de granos de maíz cerca del tubo con el radar y... ¡Pop, pop! En un abrir y cerrar de ojos, ¡el cuenco se llenó de crujientes palomitas!

Luego hizo otra prueba: puso un huevo dentro de una tetera y la tetera bajo el radar, y justo cuando se acercaba un compañero, ¡el huevo frito le explotó en la cara!

Después de muchas pruebas, Spencer acabó colocando el aparato dentro de una caja metálica cerrada. De esta manera, las ondas permanecerían dentro y solo calentarían el interior. ¡Acababa de inventar el horno microondas!

A VECES LAS COSAS SUCEDEN POR AZAR. A PESAR DE LOS ERRORES, SEGUIR LA INTUICIÓN DA RESULTADO.

# John Stith Pemberton

**John Stith Pemberton no lo dudaba:
su pasión eran los remedios médicos.**

Nació el 8 de julio de 1831 en Georgia, Estados Unidos, y estudió medicina y farmacología. Aprendió a hacer preparados de hierbas para curar dolencias, aunque por aquel entonces no había mucha gente dispuesta a probarlos. A los veinticuatro años, junto con algunos socios, fundó una singular empresa farmacéutica: producían preparados médicos para curar diversas enfermedades, ¡y además funcionaban!

Lamentablemente, poco después estalló la guerra de Secesión y John se alistó en el ejército. En 1865, durante un combate, recibió una herida en el pecho. En el hospital, le dieron un medicamento, pero cuanto más tomaba, más quería, y aquello no le gustaba. Ya en casa, se puso a estudiar lo que le habían administrado, con la esperanza de mejorarlo. Con el tiempo, elaboró un preparado a base de plantas medicinales y vino, y empezó a venderlo como analgésico.

Mientras, su empresa no dejaba de crecer. ¡Todo iba viento en popa! Sin embargo, en 1886, una nueva ley prohibió el consumo de alcohol. ¡Necesitaba un remedio que no contuviera ese ingrediente! Así que John dedicó aquel caluroso y húmedo verano a investigar...

> **Cuando se hace un descubrimiento, es fácil perder el mundo de vista.**

Al examinar el tónico que acababa de crear, John vertió accidentalmente agua con gas. «Ahora tendré que volver a empezar», pensó observando el líquido. Entonces, por pura curiosidad, se acercó el vaso a los labios y dio un sorbo. Sus ojos se abrieron de par en par. ¡Estaba bueno! Dio otro sorbo. ¡No estaba nada mal! Luego llenó una jarra y se la llevó a una farmacia que había cerca.

—Deliciosa, ¡y calma la sed! —exclamaron los propietarios de la farmacia al probarla, y le propusieron venderla como bebida.

Ese día, el 8 de mayo de 1886, el nuevo tónico empezó a venderse en farmacias. ¡Pemberton estaba loco de alegría! Cuando le presentó el invento a su amigo y socio Frank Mason Robinson, este también se puso contentísimo.

CHAF CHAF

—¿Por qué no lo llamamos Coca-Cola? —dijo.

Escribió el nombre en una hoja de papel, con letra cursiva. ¡Impresionante! Después de tantos años, ese sigue siendo el logotipo de Coca-Cola que aparece en las etiquetas.

Sin embargo, el primer año solo se vendieron nueve vasos al día. Para Pemberton fue una gran decepción. Después de todo, a lo mejor su invento no era para tanto. Aunque había alguien que no estaba de acuerdo: Asa Candler, un hombre de negocios.

—Déjeme a mí, tengo un plan —dijo.

Pemberton le vendió la receta, pero ¿cuál era el plan de Candler? Vender Coca-Cola en todas las tiendas y supermercados como una bebida deliciosa, refrescante, vigorizante y estimulante (como se podía leer en los anuncios). ¡En pocos años se hizo muy popular!

A VECES, LO QUE PARECE ESTAR MAL HECHO SOLO NECESITA UN NUEVO ENFOQUE.

¡TACHÁN!

HEMOS LLEGADO AL FINAL DEL LIBRO

Acabas de leer diez historias muy diferentes entre sí: científicos, farmacéuticos, mecánicos, costureras, ingenieros... Ahora ya sabes cuál es su secreto, ¿verdad? ¡TODOS SE EQUIVOCARON!

Todos nuestros protagonistas cometieron errores (¡y muchos!) antes de descubrir o inventar algo que cambió la vida de muchas personas. Cada cual se equivocó a su manera.

Sí, ya lo sé, a nadie le gusta meter la pata. Sin embargo, todos los genios que han aparecido en este libro vivieron esa experiencia en algún momento.

SE EQUIVOCARON, PERO NO SE RINDIERON; al contrario, trataron de entender dónde estaba el fallo y corregirlo.

¡A veces ni siquiera tenían la certeza de haber descubierto algo! Tuvieron que trabajar mucho y armarse de paciencia. Sin desanimarse. Porque cada error los acercaba un poco más a su descubrimiento.
LOS ERRORES PUEDEN LLEVARNOS MUY, MUY LEJOS. Y bien, ¿a qué estás esperando?

SI TE EQUIVOCAS, NO TE PREOCUPES: VUELVE A INTENTARLO, INSISTE. SI NO TE SALE A LA PRIMERA, ¡QUIZÁ TE SALDRÁ MÁS ADELANTE!
Aunque no te dediques a inventar cosas, cada error te acercará un poquito más... a algo. ¡De ti depende descubrir qué es!

## MAX TEMPORELLI

es físico y desde hace veinticinco años se dedica a hacer divulgación sobre temas relacionados con la ciencia, la tecnología y la innovación en universidades, internet, museos, libros, radio y televisión. Es autor de varias obras y ha presentado varios programas de televisión sobre ciencia y tecnología. Desde 2017, es el autor y la voz del podcast F***ing Genius y ha participado en TED TALKS®. En 2016, recibió el Premio Federico Faggin a la Innovación.

## BARBARA GOZZI

es editora sénior y socia de la conocida agencia de *storytelling* Book on a Tree.

## AGNESE INNOCENTE

es autora de numerosas adaptaciones de grandes clásicos de la literatura infantil. Desde hace años colabora con clientes estadounidenses, entre ellos Disney Corporation, y varias editoriales italianas. En 2021 ganó el Premio Andersen al mejor cómic.

La edición original de este libro ha sido creada y publicada por White Star, s.r.l.
Piazzale Luigi Cadorna, 6. 20123 Milan-Italy.
www.whitestar.it

White Star Kids® es una marca registrada propiedad de White Star s.r.l.
© 2022 White Star s.r.l.
© 2022 Editorial Eccomi, S.L. Sobre la presente edición.

Depósito Legal: B 9252-2022
ISBN: 978-84-19262-18-9
Nº de Orden ECC: 0019

Reservados todos los derechos. Prohibida la reproducción total o parcial.
Traducción: David Paradela